Januier 1629.

EDICT DV ROY,

PORTANT REVOCA-
tiõ de l'Edict du mois d'Auril 1628.
& Creation de l'Office de Greffier
triennal & place de Clerc y ioincte
en chacun des Bureaux des Presidés
& Tresoriers Generaux de France
des Generalitez estans au ressort des
Chambres des Comptes de Paris,
Rouen & Dijon.

Verifié en la Chambre des Comptes le 9.
Aoust 1629.

A PARIS.

Par PIERRE METTAYER, A. ESTIENNE
& C. PREVOST, Imprimeurs
ordinaires du Roy.

M. DC. XXIX.

Auec Priuilege de sa Majesté.

(4)

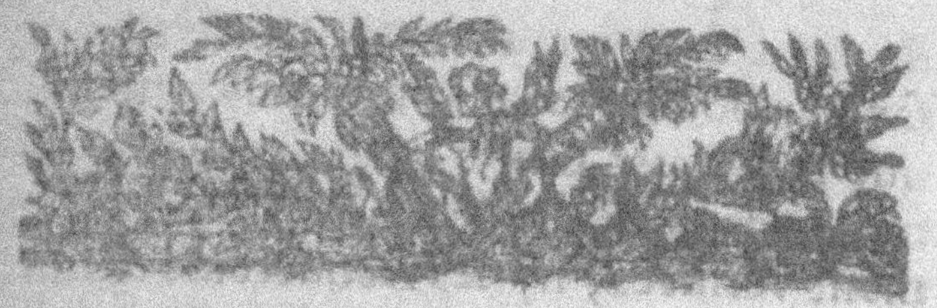

OVIS PAR LA GRACE
DE DIEV ROY DE FRAN-
CE ET DE NAVARRE,
A tous presens & à venir,
Salut. Par nostre Edict du
mois de Feurier mil six cens dix-neuf, verifié en nostre Chambre des Comptes,
Nous aurions pour les causes & considera-
tions y contenuës, declaré les deux charges de Greffiers en chacun Bureau des Presidens & Tresoriers Generaux de France
estans au ressort de nos Chábres des Comptes de Paris, Rouën & Dijon; & les deux
places de Clercs y iointes, estre du domaine de nostre Couronne, & icelles, en tant
que besoin seroit, vnies & incorporées au
corps d'iceluy, tout ainsi qu'elles estoient
auparauant autre nostre Edict du mois de
Decembre mil six cens quatre vingts dix-
huict, portant suppression du corps desdits
Bureaux, & comme les autres Greffes de
nostre Royaume compris en nostre Edict

du mois de Septembre mil six cens seize,
sans en pouuoir estre distraits ny reuendus
que par autres Edicts portant reuente generale des Greffes de ce Royaume deuëment verifiées, ny les Acquereurs desdits
Greffes, & places de Clercs depossedez par
reduction de deniers à rente, ou autrement
en quelque sorte & maniere que ce soit, si-
non en les remboursant comptât & actuellement du prix de leurs adiudications. En
consequence desquels Edicts, ceux qui
possedent à present lesdites charges de
Greffiers & places de Clercs y iointes és
Generalitez dépendans de nosditesCham-
bres des Comptes, s'en seroient rendus ad-
iudicataires par deuant les Commissaires
par nous deputez pour la reuente generale
d'iceux Greffes, moyennant les sommes
de deniers par eux payées és mains du Tre-
sorier de nostre Espargne, & pour cet effect
leur en auroient esté deliurez contracts,
suiuant lesquels ils en ont iouy & iouyssent
à present sans aucun empeschement. Tou-
tesfois par nostre Edict du mois d'Auril
dernier, pour la necessité de nos affaires,
nous aurions en consequence d'autres nos
Edicts des mois de Nouembre mil six cens
quinze, & Feurier mil six cens vingt-trois,

portant creation des Offices triennaux aux
charges comptables, & aux Greffes des
Elections & Greniers à sel ; crée & erige de
nouueau en tiltre d'Office formé & hereditaire, vn Greffier triennal en chacun desdits Bureaux, pour en iouyr aux mesmes
gages, droicts, priuileges & exemptions
que ceux dont iouyssent à present les Pourueus des antiens & alternatifs, & à eux
attribuez par Edict de leur restablissement,
& creation du mois de Decembre mil six
cens treize, & augmentation de gages du
mois de Feurier mil six cens vingt-six. Et
pour gratifier lesdits antiens & alternatifs,
& les rendre aussi par entr'eux vniformes
pour ce qui est de ladite heredité, voulu
qu'ils tinssent & possedassent tous esgale-
ment à l'aduenir leursdits Offices audit tiltre d'heredité, sans payer aucune finance,
ny que vacation aduenant il y peust estre
pourueu, ains conseruez à leurs vefues &
heritiers. Neantmoins sur les tres-hum-
bles remonstrances qui nous ont esté faites
par les possesseurs desdites charges de
Greffiers antiens & alternatifs, & places
de Clercs, des inconuemiens qu'apporte-
roit l'establissement dudit Greffier triennal en la côdition d'heredité dissemblable

A iiij

ment à celle de l'antien & alternatif qui
sont domaniaux, & le preiudice qu'ils en
receuroient, n'estant pourueu à leur in-
demnité (ainsi qu'il s'est tousiours pratti-
qué) par nos precedens Edicts : Et que
nous pourrions par la mesme creation &
establissement des mesmes Offices de Greffier triennal dans l'ordre & la verité, tirer
vn secours approchant de celuy que nous
attendions de l'execution de nostredit
Edict du mois d'Auril dernier, sur l'offre
qu'ils nous faisoient en la presente necessité de nos affaires, de fournir en nos coffres
vne notable somme de deniers, en leur fai-
sant deliurer les quittances de finances &
contracts d'adiudication desdits Greffes
& places de Clercs, pour en iouyr, & des
semblables gages attribuez par lesdits E-
dicts de mil six cens treize & vingt-six à ti-
tre de domaine, tout ainsi que font les
Pourueus des antiens & alternatifs. At-
tendu qu'ils ont acquis de nous l'exercice
de nosdits Greffes, SÇAVOIR FAISONS,
qu'inclinant ausdites supplications & remonstrances desdits Greffiers antiens &
alternatifs de nosdits Bureaux, Et mettant
en consideration que le tiltre donné audit
Office de Greffier triennal hereditaire, le

separoit de la nature des autres Greffes de
ce Royaume, & nous ostoit le moyen (sur-
uenant vne necessité en nos affaires) de le
pouuoir reuendre. Et pris sur ce l'aduis de
la Royne nostre Dame & Mere, de nostre
tres-cher Frere le Duc d'Orleans, & autres grands & notables personnages de nostre Conseil: De l'aduis d'iceluy, & de nostre grace speciale, plaine puissance & authorité royale, par le present Edict perpe-
tuel & irreuocable, AVONS reuoqué,
esteint & supprimé, reuoquons, esteignons
& supprimons pour tousiours nostredit
Edict du mois d'Auril dernier, portant
creation d'vn Office de Greffier triennal
hereditaire en chacun desdits Bureaux, &
pour remplacer le fonds que nous attendions dudit establissement. Et afin de mettre les choses dans l'ancien ordre, & rendre les charges desdits Greffiers vniformes,
AVONS par le present Edict de mesme
pouuoir & authorité que dessus, creé &
erigé, creons & erigeons en chacun desdits
Bureaux des Presidens & Tresoriers Generaux de France, du ressort de nosdites
Chambres des Comptes de Paris, Rouën
& Dijon, VNE CHARGE de Greffier
triennal & place de Clerc y iointe, pour

en iouyr par eeux qui en demeureront ad-
iudicataires audit tiltre de domaine, aux
gages dont iouyſſent à preſent les Pourueus deſdits antiens & alternatifs, & à eux
attribuez par les Edicts de leur reſtabliſſement des mois de Decembre mil ſix cens
treize, & augmentation du mois de Feurier mil ſix cens vingt-ſix : deſquels ſera
laiſſé fonds dans nos Eſtats, à commencer
du premier du preſent mois de Ianuier,
fonction, pouuoir de commettre en ladite
charge en l'année de ſon exercice, dont la
preſente ſera la premiere. Taxations pour
les eſcritures & meſſageries, dont le fonds
eſt laiſſé par chacun an dans noſdits Eſtats,
droicts, fruicts, profits, reuenus & émolu-
mens, confection & recouuremét d'Eſtats
des comptables, dont les antiens & alternatifs iouyront auſſi chacun en l'année de
leur exercice, ſans qu'autres qu'eux, leurs
Fermiers ou Commis puiſſent eſtre em-
ployez ſoubs leſdits Preſidens & Treſo-
riers Generaux de France, és choſes qu'ils
ont accouſtumé de faire, & qui ſont dé-
pendant de l'exercice & fonction deſdites
charges, & qui leur eſt attribué par les
Edicts & Ordonnances Royaux : Voulant
que les contracts qui ſeront paſſez deſdits
Greffes

Greffes triennaux par lefdits Commiffai-
res, foient de telle force & vertu que s'ils
eftoient paffez en noftre Confeil, & que
les Acquereurs d'iceux & places de Clercs
y iointes, foient mis en poffeffion de leur
acquifition en vertu de leurfdits contracts
& quittances des payemens qu'ils auront
faits és mains du Treforier des deniers ex-
traordinaires, pour en iouyr comme de
leur vray & loyal acqueft, fans qu'ils en
puiffent eftre depoffedez par encheres,
tiercemens & doublemens, qu'en vertu
d'Edict general fait par nous ou nos fuc-
ceffeurs Roys pour la reuente generale de
noftre domaine bien & deuëment verifié,
ny qu'ils puiffent eftre rembourfez qu'à vn
feul payement de toutes les fommes de deniers actuellement financez en nos coffres
par lefdits Greffiers, tant pour lefdits Greffes que augmentations de gages y attribuez par plufieurs nos Edicts & Arrefts de
noftre Confeil, ou reduits à rente, ny que
lefdits gages accordez par le prefent Edict
aufdits Greffiers triennaux, puiffent eftre
cy apres augmentez. SI DONNONS EN
MANDEMENT à nos amez & feaux Con-
feillers les Gens tenans nos Chambres des
Comptes à Paris, Rouën & Dijon, Prefi-

dens & Treforiers Generaux de France, des Generalitez de ce Royaume qu'il appartiendra, que cestuy nostre present Edict ils facent chacun endroit soy lire, publier, registrer & entretenir, & du contenu en iceluy iouyr & vser plainement & paisiblement les Acquereurs dudit Greffe triennal & place de Clerc y iointe, sans qu'il y soit contreuenu en quelque sorte & maniere que ce soit, nonobstant oppositions ou appellations quelconques, pour lesquelles ne sera differé. Et si aucuns en interuiennent, Auons retenu & reserué la cognoissance à nous & à nostre Conseil, & icelle interditte à toutes nos Cours & Iuges quelconques : nonobstant aussi tous Edicts, Declarations & Ordonnances à ce contraires, ausquelles & aux derogatoires des derogatoires y contenuës nous auons dérogé & dérogeons par ces presentes : CAR TEL EST NOSTRE PLAISIR. Et afin que ce soit chose ferme & stable à tousiours, Nous auons fait mettre & apposer nostre seel à cesdites presentes. DONNE' à Paris au mois de Ianuier l'an de grace mil six cens vingt-neuf, & de nostre regne le dix-neufiesme. Signé, LOVIS. Et plus bas, Par le Roy, LE BEAVCLERC.

Et à costé, *Visa*. Et seellé en lacqs de soye
du grand Seau de cire verte.

Leu, publié & registré en la Chambre des
Comptes, Ouy le Procureur General du Roy,
pour iouyr par les Pourueus desdits Offices des
gages portez par ledit Edict, & de pareils
& semblables droicts & fonctions que les an-
tiens & alternatifs, en vertu d'Edicts bien &
deuëment verifiez seulement. Et quant au re-
couurement & confection d'estats, qu'il en sera
vsé ainsi qu'il a esté cy deuant faict, suiuant
l'Arrest de ce iour neufiesme Aoust mil six
cens vingt-neuf.

Signé,   GOBELIN.

                                    B ij

EXTRAICT DES REGI-
stres de la Chambre des Comptes.

EV par la Chambre les Lettres patentes du Roy, données
à Paris au mois de Ianuier dernier, Signées, L O V I S. Et plus
bas, Par le Roy, L E B E A V C L E R C. Par
lesquelles, & pour les causes y contenuës,
sa Majesté a reuoqué, esteint & supprimé
pour tousiours son Edict du mois d'Auril
mil six cens vingt huict, portant creation
d'vn Office de Greffier triennal hereditaire en chacun des Bureaux des Finances au
ressort de ses Chambres des Comptes de
Paris, Rouën & Dijon, & pour remplacer
le fonds qu'elle attendoit dudit establissement, & afin de mettre les choses dans
l'antien ordre, & rendre les charges desdits Greffiers vniformes, A creé & érigé
en chacun desdits Bureaux des Presidens
& Tresoriers Generaux de France desdites
Chambres des Comptes de Paris, Rouën
& Dijon, vne charge de Greffier triennal,
& place de Clerc y iointe, pour en iouyr

par ceux qui en demeureront adiudicatai-
res en tiltre de domaine aux gages dont
iouyſſent à preſent les Pourueus des Offices antien & alternatif, & à eux attribuez
par les Edicts de leur reſtabliſſement des
mois de Decembre mil ſix cens treize, &
augmentation du mois de Feurier mil ſix
cens vingt-ſix, dont ſera laiſſé fonds dans
les Eſtats, à commencer du premier iour
dudit mois de Ianuier dernier, comme
plus au long le contiennent leſdites Lettres. Copie collationnée des Lettres de
Declaration du Roy, portant re vnion à
ſon domaine deſdits Offices de Greffiers
deſdits Bureaux, du mois de Feurier mil
ſix cens dix-neuf: Et Arreſt de verification
d'icelles du vingt-deuxieſme Aouſt audit
an. Arreſt de ladite Chambre du vingt-
ſeptieſme Mars dernier interuenu tant ſur
ledit Edict, qu'oppoſitions formées à la verification d'iceluy, par les Greffiers des Bureaux deſdites Finances du reſſort d'icelle
Chambre, par lequel elle auroit ordonné
qu'apres qu'iceluy Edict auroit eſté verifié
au Parlement, ſeroit fait droict. Autres
Lettres patentes de ſa Maieſté, données au
Camp de Suze le ſeizieſme Auril dernier,
Signées, L O V I S. Et plus bas, Par le Roy,

B iij

BOVTHILLIER, contenant iuſſion &
mandement tres-expres à ladite Chambre, que tous affaires ceſſans elle ait à pro-
ceder incontinent & ſans delay à la verification & enregiſtrement pure & ſimple
dudit Edict dudit mois de Ianuier, ſans
plus y apporter aucune difficulté ou retar-
dement. Requeſte preſentée à icelle Chã-
bre par les Receueurs des Aydes, Tailles
& Taillon, & Arreſt ſur icelle du vingt-
deuxieſme Iuin auſſi dernier, par lequel,
Acte leur auroit eſté donné de leur oppoſition, & ordonné qu'ils auroient commu-
nication dudit Edict par les mains du
Conſeiller Rapporteur, pour fournir leurs
cauſes d'oppoſition ſans retardation. Cauſes d'oppoſition par eux fournies à ladite
verification. Autres cauſes d'oppoſitions
auſſi fournies à icelle par Claude Demaſy
bourgeois de Paris, porteur des quittances
de finance, & Lettres de prouiſion des Offices de Procureurs poſtulans aux Bureaux
des Generalitez de Bordeaux & Limoges,
nouuellement creez par Edict du mois
d'Auril mil ſix cens vingt-ſept. Conclu-
ſions du Procureur General du Roy. Et
tout conſideré, LA CHAMBRE, les Bureaux aſſemblez, A ordonné & ordonne

que ſur ledit Edict ſera mis, Leu, publié &
regiſtré, pour iouyr par les Pourueus deſdits Offices, des gages portez par ledit
Edict, & de pareils & ſemblables droicts
& fonction que les antiens & alternatifs
en vĕrtu d'Edicts bien & deuëment verifiez ſeulement, & quant au recouurement
& confection d'eſtats qu'il en ſera vſé, ainſi
qu'il a eſté cy deuant faict. FAICT le
neufieſme iour d'Aouſt mil ſix cens vingt-
neuf.

Signé, GOBELIN.

Collationné à l'original par moy Con-
ſeiller & Secretaire du Roy.

www.ingramcontent.com/pod-product-compliance
Lightning Source LLC
LaVergne TN
LVHW010817180726
843502LV00009B/3374